¡LO ENCANTADO!

CEMENTERIOS Y TEMPLOS ENCANTADOS

Un libro de Las Ramas de Crabtree

THOMAS KINGSLEY TROUPE

Traducción de Santiago Ochoa

CRABTREE
Publishing Company
www.crabtreebooks.com

Apoyos de la escuela a los hogares para cuidadores y maestros

Este libro de gran interés está diseñado con temas atractivos para motivar a los estudiantes, a la vez que fomenta la fluidez, el vocabulario y el interés por la lectura. Las siguientes son algunas preguntas y actividades que ayudarán al lector a desarrollar sus habilidades de comprensión.

Antes de leer:

- ¿De qué creo que trata este libro?
- ¿Qué sé sobre este tema?
- ¿Qué quiero aprender sobre este tema?
- ¿Por qué estoy leyendo este libro?

Durante la lectura:

- Me pregunto por qué...
- Tengo curiosidad por saber...
- ¿En qué se parece esto a algo que ya conozco?
- ¿Qué he aprendido hasta ahora?

Después de la lectura:

- ¿Qué intentaba enseñarme el autor?
- ¿Qué detalles recuerdo?
- ¿Cómo me han ayudado las fotografías y los pies de foto a comprender mejor el libro?
- Vuelvo a leer el libro y busco las palabras del vocabulario.
- ¿Qué preguntas me quedan?

Actividades de extensión:

- ¿Cuál fue tu parte favorita del libro? Escribe un párrafo al respecto.
- Haz un dibujo de lo que más te gustó del libro.

ÍNDICE

¡SANTO, PERO ENCANTADO!

Las lápidas inclinadas brillan bajo la luz de la luna. El viento silba como un susurro a través de la alta hierba. La sombra irregular de un templo abandonado se perfila allá arriba. Sientes que alguien te observa. No deberías estar aquí. Un escalofrío helado sube por tu espalda mientras te giras. Una figura pálida permanece cerca de la puerta del cementerio. ¡No hay escapatoria!

Hay lugares encantados en todo el mundo. Algunas personas creen que los espíritus se aferran al mundo real por toda la eternidad. Los cementerios y los templos celebran la muerte, lo que los convierte en los lugares más encantados.

Agarra tu linterna y respira profundo. Estás a punto de descubrir por qué estos cementerios y lugares de adoración están entre ¡LO ENCANTADO!

UN DATO ATERRADOR

Hay más de 144 000 panteones y cementerios en Estados Unidos.

CementerioHollywood Forever

Al igual que la gente normal, la gente famosa también se muere. El cementerio Hollywood Forever en California es el lugar de descanso de muchas celebridades.

CLIFTON WEBB

Allí, el fantasma del actor Clifton Webb podría
rondar el **mausoleo** donde yace su cuerpo.
La piedra sobre su bóveda se mueve sola.
¡Algunos dicen que pueden oler su loción!

CATACUMBAS DE PARÍS

En el siglo 18, en París, Francia, había más cadáveres que lugares en dónde enterrarlos. Los sepultureros solían enterrar los cuerpos unos encima de otros. La alcaldía de la ciudad tenía que hacer algo, pues por todas partes había cadáveres malolientes y en descomposición.

Entonces abrieron las viejas minas de piedra caliza que había debajo de la ciudad y enterraron a los muertos en ellas. Los túneles se convirtieron en un cementerio subterráneo, o catacumba.

UN DATO ATERRADOR

Se necesitaron doce años para pasar todos los cuerpos de las abarrotadas tumbas a las catacumbas de París.

Las catacumbas están
abiertas a los visitantes,
pero algunas personas
creen que los túneles
están encantados. Han
visto luces extrañas,
oído voces y observado
extrañas sombras.

Durante la revolución francesa (1789–1799), Philibert Aspairt entró a los túneles. Se perdió y su cuerpo fue encontrado 11 años después. Su fantasma ronda con frecuencia el lugar donde murió.

A LA MÉMOIRE
DE PHILIBERT ASPAIRT
PERDU DANS CETTE
CARRIÈRE LE III NOV^BRE
MDCCXCIII RETROUVÉ
ONZE ANS APRÈS ET
INHUMÉ EN LA MÊME PLACE
LE XXX AVRIL MDCCCIV

Los huesos de más de 6 millones de parisinos están almacenados en las catacumbas de París.

CEMENTERIO DE SAN LUIS Nº 1

Las cosas se hacen de un modo diferente en Nueva Orleans, Luisiana. En el cementerio de San Louis nº 1, los muertos son enterrados en bóvedas sobre el suelo.

Es considerado como el cementerio más encantado de Estados Unidos. El fantasma de Marie Laveau, la reina del **vudú**, camina con frecuencia entre las tumbas. Algunos visitantes dicen que han sido arañados, pellizcados y empujados al suelo.

La reina Marie Laveau

UN DATO ATERRADOR

El cementerio de San Luis n°1 tiene más de 700 tumbas y más de 100 000 cadáveres.

CEMENTERIO DE ROOKWOOD, AUSTRALIA

En Australia, hay una **necrópolis** conocida como el cementerio de Rookwood. Este lugar inmenso es el sitio de descanso final de más de un millón de personas.

Dos **espiritistas**, conocidos como los hermanos Davenport, están enterrados allá. Muchos creen que los fantasmas se sienten atraídos a ese cementerio debido a los Davenport.

Los hermanos Davenport.

TEMPLO MASÓNICO, DETROIT

Los fantasmas no siempre rondan los lugares donde están enterrados sus cuerpos. Se cree que un templo masónico, en Detroit, Michigan, está encantado.

El **arquitecto** George D. Mason diseñó el enorme templo y murió allí muchos años después. Los visitantes han visto a su fantasma subir las escaleras. Otros han visto que las puertas se cierran de golpe por sí solas.

UN DATO ATERRADOR

El templo masónico contiene salas y pasillos secretos. Incluso tiene una piscina sin terminar en el sexto piso.

ST. ANDREWS ON THE RED, CANADÁ

St. Andrews on the Red, en Winnipeg, Manitoba, es una vieja iglesia con un cementerio. Muchas personas que murieron a causa de enfermedades están enterradas en esa iglesia de Canadá.

Algunos afirman que St. Andrews es visitada por el fantasma de una mujer vestida de blanco y por el de un hombre vestido de negro. Otros dicen haber visto un auto fantasma y dentro unos brillantes ojos rojos.

CATEDRAL DE SAN FERNANDO,

SAN ANTONIO, TEXAS

La catedral de San Fernando, en San Antonio, Texas, es la iglesia más antigua del Estado. Durante su construcción, los colonos españoles combatieron a los apaches de la zona.

En 1749 se hizo un ofrecimiento de paz. Los apaches cavaron un hueco grande frente a la catedral. Enterraron flechas, **hachuelas** y un caballo blanco que estaba vivo.

UN DATO ATERRADOR

La expresión en inglés «bury the hatchet» (enterrar la hachuela) viene del entierro de armas nativas. Era considerado un gesto de paz.

La Catedral de San Fernando se construyó entre 1728 y 1749, y fue terminada en 1750.

La catedral, que ahora es considerada un lugar histórico, es un santuario encantado. Se han observado extrañas luces que brillan y sombras misteriosas.

Un caballo blanco y fantasmal galopa a veces por el lugar. Muchos creen que es el espíritu del caballo que fue enterrado vivo frente a la catedral.

CATEDRAL DE LA ASUNCIÓN DE NUESTRA SEÑORA, GUADALAJARA, MÉXICO

¿Los lugares de adoración más antiguos son los más encantados? Este parece ser el caso de la catedral de la Asunción de Nuestra Señora. Situada en Guadalajara, México, fue construida por partes entre 1535 y 1813.

Debajo del **altar** mayor de la catedral
se encuentra la cripta de los arzobispos.
Allí están los huesos y los cuerpos
momificados de **obispos** y **cardenales**.

UN DATO ATERRADOR

Los feligreses tocan los ataúdes de los obispos
muertos y les piden favores. Si ponen sus oídos
en el ataúd y oyen una respuesta, es porque
sus deseos han sido concedidos.

Algunos de los cuerpos que están en la cripta de la catedral no parecen listos para abandonar la tierra de los vivos. Uno de los cuerpos es el de una niña asesinada por sus creencias religiosas en el siglo 17. La gente afirma haber visto parpadear a la niña y su pelo moverse.

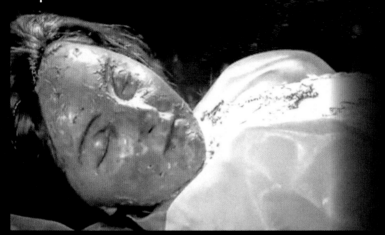

UN DATO ATERRADOR

Llamamos momias a los cuerpos momificados. Las momias son cadáveres que se han preservado naturalmente, o gracias a los pueblos antiguos expertos en momificación.

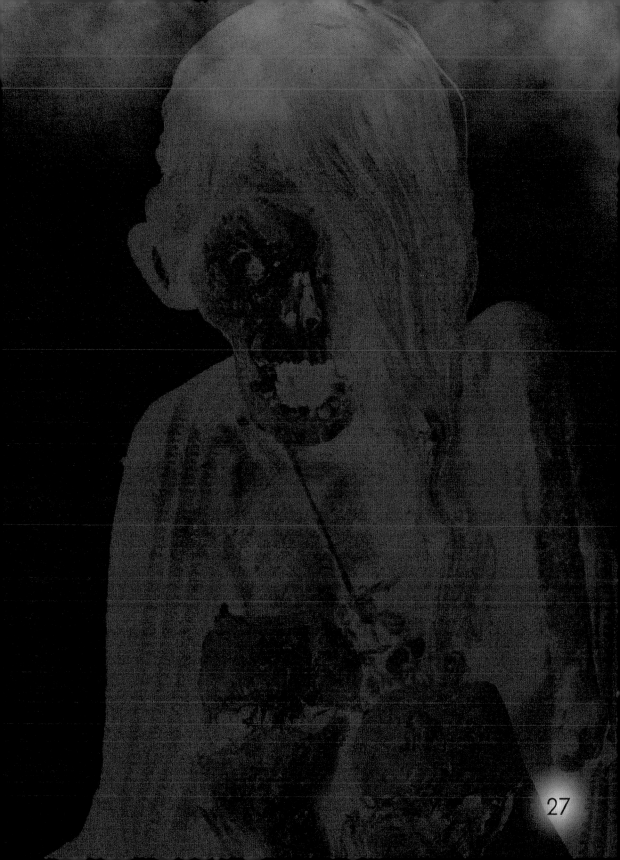

CONCLUSIÓN

Es difícil decir si los fantasmas realmente rondan por las tumbas y los templos. Lo que una persona ve, otra lo podría negar.

Está en tus manos decidir qué creer. Si oyes o ves algo macabro, escríbelo o captúralo con una cámara. La evidencia que descubras podría ayudarnos a entender ¡LO ENCANTADO!

GLOSARIO

altar: Plataforma o mesa usada como un centro de adoración.

arquitecto: Persona que diseña edificios.

cardenales: Altos líderes de la Iglesia católica romana.

espiritistas: Personas que creen que los espíritus de los muertos se pueden comunicar con personas vivas.

eternidad: Un período de tiempo que parece interminable.

hachuelas: Hachas pequeñas.

mausoleo: Monumento construido sobre la tumba de una persona.

necrópolis: Un gran cementerio con monumentos y tumbas. Es también una palabra griega que significa «ciudad de los muertos».

obispos: Líderes religiosos de las iglesias cristianas.

vudú: Una religión practicada en el Caribe y en el sur de Estados Unidos.

ÍNDICE ANALÍTICO

SITIOS WEB (PÁGINAS EN INGLÉS):

https://kids.kiddle.co/Ghost

www.hauntedrooms.co.uk/
ghost-stories-kids-scary-childrens

www.ghostsandgravestones.com/
how-to-ghost-hunt

ACERCA DEL AUTOR

Thomas Kingsley Troupe

Thomas Kingsley Troupe ha escrito muchísimos libros para niños. Sus temas incluyen fantasmas, Pie Grande, hombres lobo e incluso un libro sobre la suciedad. Cuando no escribe o lee, investiga lo paranormal como parte de la Sociedad Paranormal de las Ciudades Gemelas. Vive en Woodbury, Minnesota con sus dos hijos.

CRABTREE
Publishing Company

Las imágenes y fotografías de «fantasmas» contenidas en este libro son interpretaciones de los artistas. La editorial no asegura que sean imágenes reales o fotografías de los fantasmas mencionados en este libro.

Produced by: Blue Door Education for Crabtree Publishing

Written by: Thomas Kingsley Troupe

Designed by: Jennifer Dydyk

Edited by: Kelli Hicks

Proofreader: Crystal Sikkens

Translation to Spanish: Santiago Ochoa

Spanish-language layout and proofread: Base Tres

Print and production coordinator: Katherine Berti

Photographs: Cover photos: skull on cover and throughout book ©Fer Gregory, graveyard © Fer Gregory, girl © kittirat roekburi, pg.s 4-5 cemetery © Fahroni, old temple © SHELIAKIN MAKSIM, pg. 5 creepy picture border © Dmitry Natashin, pg.s 6-7 cemetery © Alizada Studios, pg. 8 © Netfalls Remy Musser, pg. 9 background photo © Ilias Kouroudis, photo border art here and throughout book © Dmitry Natashin, top photo © Mikhail Gnatkovskiy, photo showing carvings © Spirit Stock, pg. 10 background photo © Spirit Stock, top photo © Stas Guk, pg. 11 ghost © Tereshchenko Dmitry, pg. 12 background photo © Pg. Light Studios, inset photo © Pg. Light Studios, pg. 13 angel © Scott A . Burns, pg. 14 © Ms S. Ann, pg. 15 bottom photo © ArliftAtoz2205, pg. 16 © Fsendek, pg. 17 both photos © Belikova Oksana, pg. 19 © Raggedstone, pg. 20 © fl1photo, pg. 21 hatchet © Barandash Karandashich, pg. 22 horse © mariait, pg. 23 © CrackerClips Stock Media, pg. 24 © Nara_money, pg. 26 (bottom) Editorial credit: Ecuadorpostales / Shutterstock. com, pg. 27 © Adwo, pg. 28 © Carlos Amarillo, pg. 29 © Raggedstone. All images from Shutterstock.com except pg. 7 Clifton Webb, public domain image, pg. 11 Philibert Aspairt tomb © Rémi Villalongue (Wikimedia https://creativecommons.org/licenses/by-sa/3.0/deed.en), pg. 13 Marie Laveau public domain image by Smerdis of Tlön, pg. 15 Davenport Brothers courtesy of the Library of Congress, pg. 18 © Dig deeper Wikipedia https://creativecommons.org/licenses/by-sa/4.0/deed.en, pg. 25 (top) © Kobby Dagan | Dreamstime.com, pg. 26 (top) © Enciclopedia1993 https://creativecommons.org/licenses/by-sa/4.0/deed.en

Library and Archives Canada Cataloguing in Publication

Available at the Library and Archives Canada

Library of Congress Cataloging-in-Publication Data

Available at the Library of Congress

Crabtree Publishing Company

www.crabtreebooks.com   1-800-387-7650

Copyright © 2022 **CRABTREE PUBLISHING COMPANY**

Published in the United States
Crabtree Publishing
347 Fifth Avenue
Suite 1402-145
New York, NY, 10016

Published in Canada
Crabtree Publishing
616 Welland Ave.
St. Catharines, Ontario
L2M 5V6

Printed in the U.S.A./092021/CG20210616